Impressum
Verlag: BABADADA GmbH, Nedderfeld 112 , 22529 Hamburg
Geschäftsführer / Verlagsleitung: Harald Hof
Druck: Books on Demand GmbH, In de Tarpen 42, 22848 Norderstedt

Imprint
Publisher: BABADADA GmbH, Nedderfeld 112 , 22529 Hamburg, Germany
Managing Director / Publishing direction: Harald Hof
Print: Books on Demand GmbH, In de Tarpen 42, 22848 Norderstedt, Germany

škola

skole

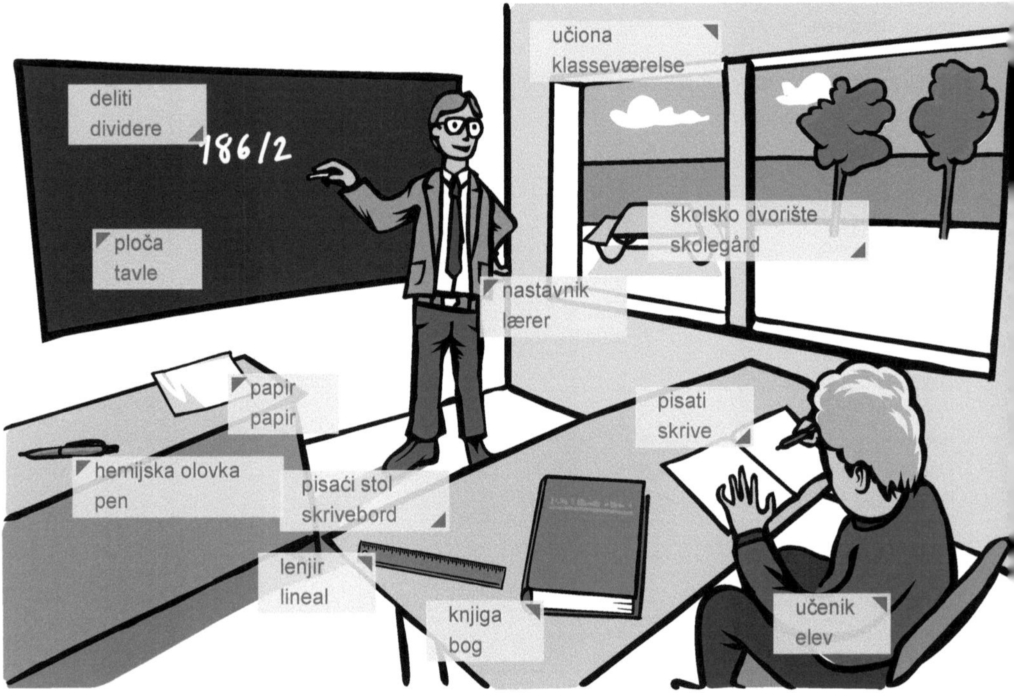

učiona
klasseværelse
deliti
dividere
186/2
ploča
tavle
školsko dvorište
skolegård
nastavnik
lærer
papir
papir
pisati
skrive
hemijska olovka
pen
pisaći stol
skrivebord
lenjir
lineal
knjiga
bog
učenik
elev

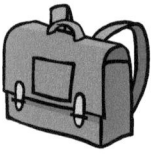

torba

skoletaske

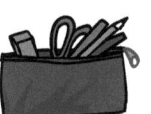

pernica

penalhus

grafitna olovka

blyant

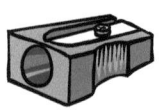

šiljilo za olovke

blyantspidser

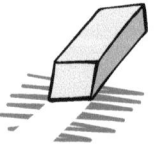

gumica za brisanje

viskelæder

blok za crtanje

tegneblok

crtež
tegning

kist
pensel

kutija sa bojama
æske med vandfarver

makaze
saks

lepilo
lim

beležnica
opgavehefte

domaći zadatak
lektie

broj
tal

sabirati
addere

oduzimati
subtrahere

množiti
multiplicere

računati
regne

slovo
bogstav

abeceda
alfabet

reč
ord

tekst

tekst

čitati

læse

kreda

kridt

čas

time

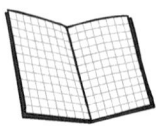

dnevnik

klasseprotokol

ispit

eksamen

svedočanstvo

karakterbog

školska uniforma

skoleuniform

obrazovanje

uddannelse

leksikon

leksikon

univerzitet

universitet

mikroskop

mikroskop

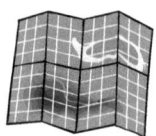

karta

kort

košara za papir

papirkurv

putovanje
rejse

hotel
hotel
Grand
prenoćište
herberg
ROOMS
EXCHANGE
menjačnica
vekselkontor
kofer
kuffert
auto
bil

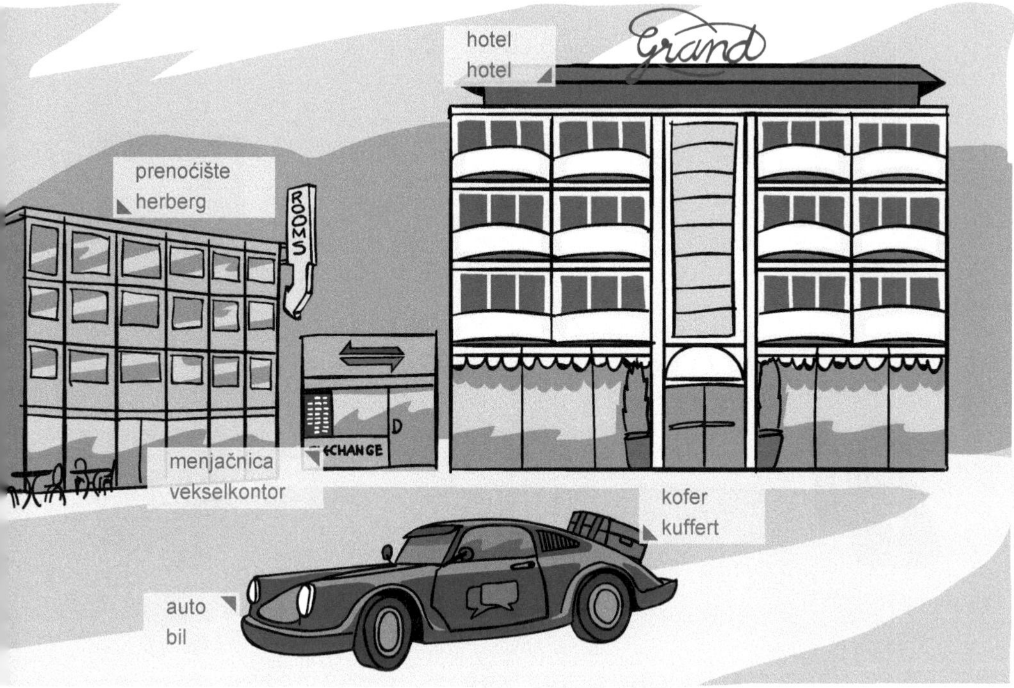

jezik
sprog

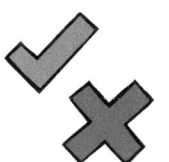

da / ne
ja / nej

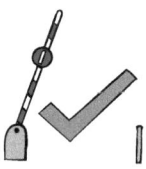

okej
okay

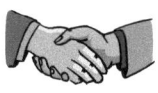

zdravo
hej

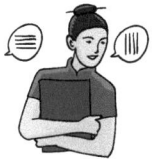

prevodilac
oversætter

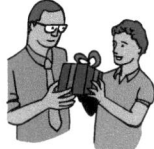

hvala
tak

Koliko košta...?

hvad koster…?

ne razumem

Jeg forstår ikke

problem

problem

dobro veče!

God aften!

Dobro jutro!

God morgen!

Laku noć!

God nat!

doviđenja

farvel

smer

retning

prtljaga

bagage

torba

taske

ruksak

rygsæk

gost

gæst

soba

værelse

vreća za spavanje

sovepose

šator

telt

turističke informacije

turistinformation

plaža

strand

kreditna kartica

kreditkort

doručak

morgenmad

ručak

middagsmad

večera

aftensmad

karta za vožnju

billet

lift

elevator

poštanska markica

frimærke

granica

grænse

carina

told

ambasada

ambassade

viza

visum

pasoš

pas

transport

transport

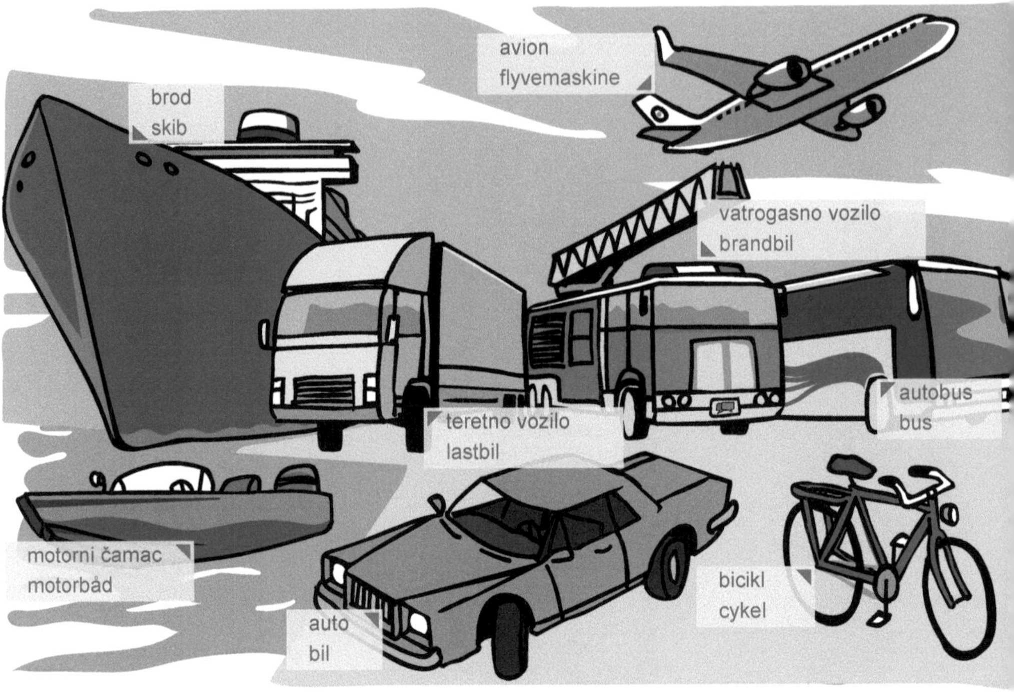
avion
flyvemaskine
brod
skib
vatrogasno vozilo
brandbil
autobus
bus
teretno vozilo
lastbil
motorni čamac
motorbåd
bicikl
cykel
auto
bil

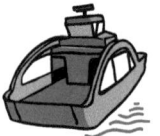

trajekt

færge

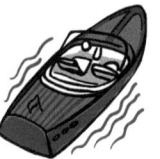

čamac

båd

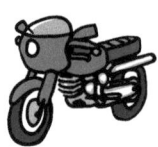

motocikl

motorcykel

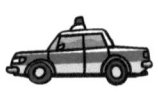

policijski auto

politibil

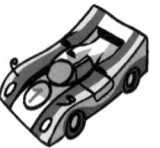

trkaći auto

racerbil

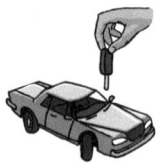

iznajmljeno auto

lejebil

delenje automobila
samkørsel

vučno vozilo
kranbil

vozilo za odvoz smeća
skraldebil

motor
motor

benzin
benzin

benzinska stanica
tankstation

saobraćajni znak
trafikskilt

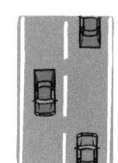

saobraćaj
trafik

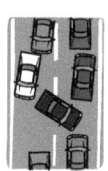

zastoj
trafikprop

parkiralište
parkeringsplads

železnička stanica
banegård

šine
skinner

voz
tog

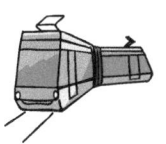

tramvaj
sporvogn

vagon
wagon

helikopter
helikopter

aerodrom
lufthavn

kula
tårn

putnik
passager

kontejner
container

karton
karton

kolica
kærre

korpa
kurv

uzleteti / sleteti
starte / lande

grad
by

selo
landsby

centar grada
bymidte

kuća
hus

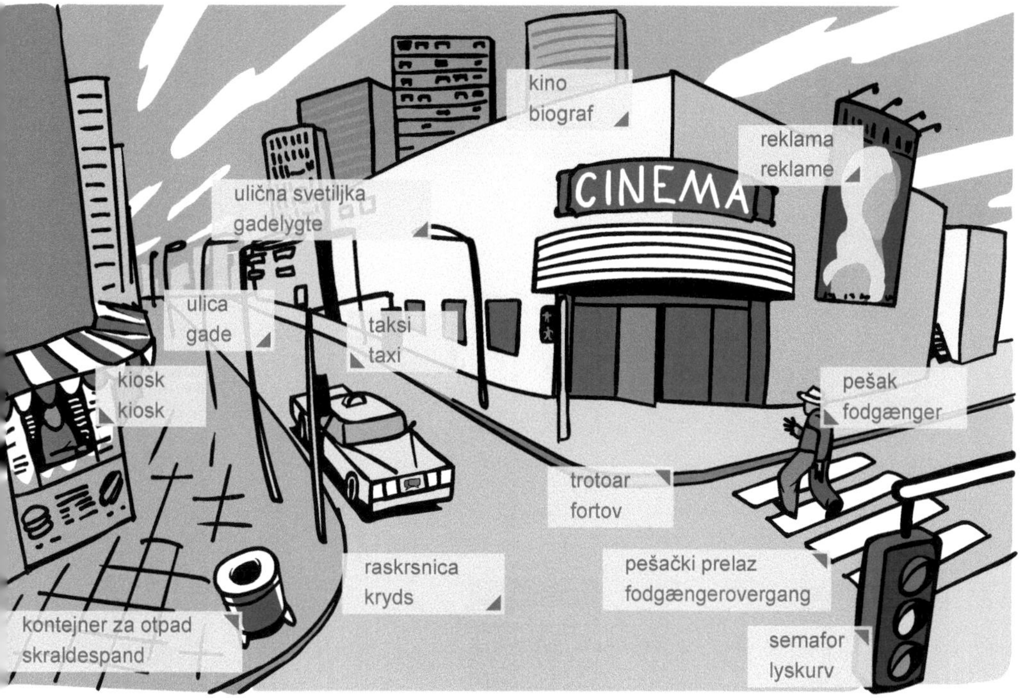

kino
biograf

reklama
reklame

ulična svetiljka
gadelygte

CINEMA

ulica
gade

taksi
taxi

kiosk
kiosk

pešak
fodgænger

trotoar
fortov

raskrsnica
kryds

pešački prelaz
fodgængerovergang

kontejner za otpad
skraldespand

semafor
lyskurv

koliba
....
hytte

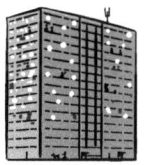

stan
....
lejlighed

železnička stanica
....
banegård

većnica
....
rådhus

muzej
....
museum

škola
....
skole

univerzitet

universitet

banka

bank

bolnica

sygehus

hotel

hotel

apoteka

apotek

kancelarija

kontor

knjižara

boghandel

prodavnica

butik

cvećara

blomsterbutik

supermarket

supermarked

trg

marked

robna kuća

stormagasin

ribarnica

fiskehandler

trgovački centar

butikscenter

luka

havn

park

park

klupa

bænk

most

bro

stepenice

trappe

podzemna železnica

undergrundsbane

tunel

tunnel

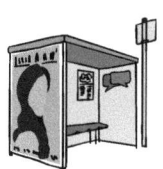

autobuska stanica

busstoppested

bar

barnevogn

restoran

restaurant

poštansko sanduče

postkasse

ulični znak

vejskilt

parkirni automat

parkometer

zoološki vrt

zoo

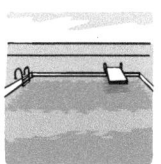

bazen

badeanstalt

džamija

moske

seosko gazdinstvo

bondegård

zagađenje okoline

miljøforurening

groblje

kirkegård

crkva

kirke

igralište

legeplads

hram

tempel

pejsaž
landskab

list
blad

putokaz
vejviser

put
vej

livada
eng

kamen
sten

drvo
træ

šetač
vandrer

reka
flod

trava
græs

cvijet
blomst

dolina
dal

planina
bjerg

jezero
sø

šuma
skov

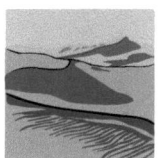

pustinja
ørken

vulkan
vulkan

dvorac
slot

duga
regnbue

gljiva
svamp

palma
palme

moskito
moskito

muva
flue

mrav
myre

pčela
bi

pauk
edderkop

buba

bille

žaba

frø

veverica

egern

jež

pindsvin

zec

hare

sova

ugle

ptica

fugl

labud

svane

divlja svinja

vildsvin

jelen

hjort

los

elg

nasip

dæmning

vetrenjača

vindmølle

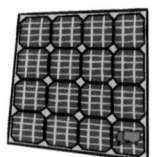

solarna ploča

solcellemodul

klima

klima

restoran
restaurant

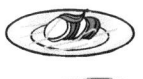

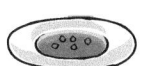

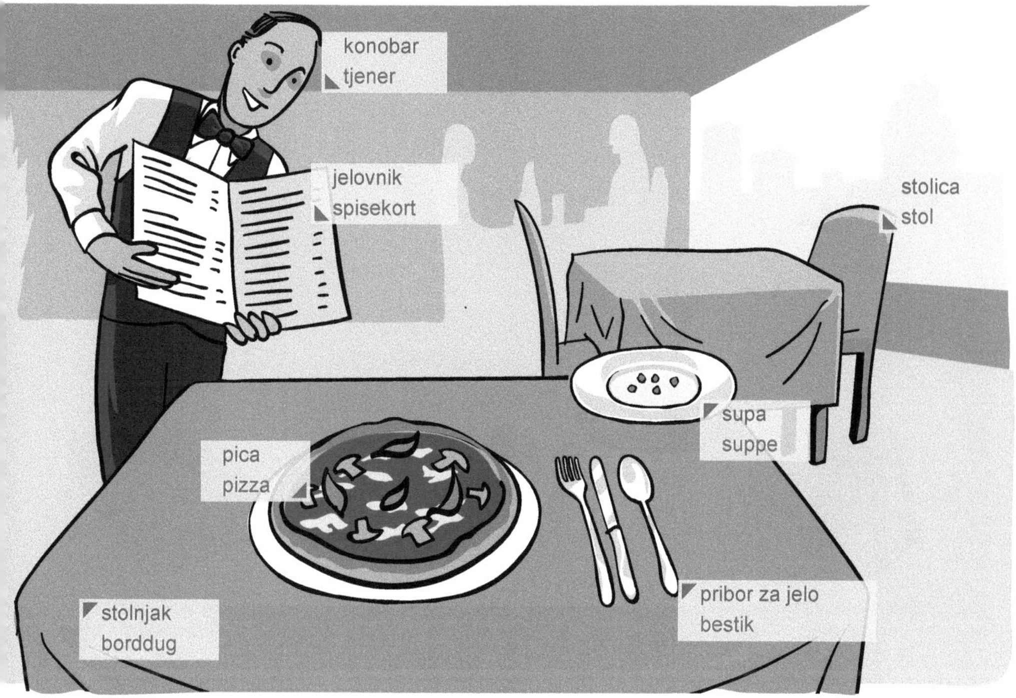
konobar
tjener
jelovnik
spisekort
stolica
stol
supa
suppe
pica
pizza
pribor za jelo
bestik
stolnjak
borddug

predjelo
forret

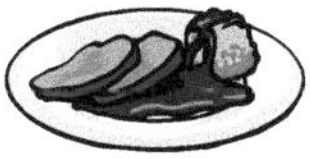

glavno jelo
hovedret

desert
dessert

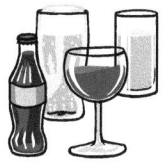

napitci
drikkevarer

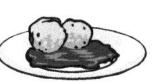

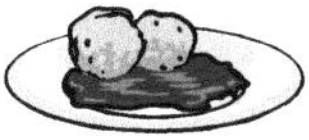

jelo
mad

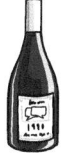

flaša
flaske

brza hrana
fastfood

imbis hrana
streetfood

čajnik
tekande

doza za šećer
sukkerdåse

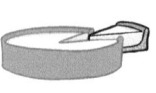

porcija
portion

aparat za espresso
espressomaskine

visoka stolica
barnestol

račun
faktura

poslužavnik
tablet

nož
kniv

viljuška
gaffel

kašika
ske

čajna kašika
teske

salveta
serviet

čaša
glas

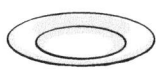

tanjir

tallerken

tanjir za supu

dyb tallerken

tanjirić

underkop

sos

sovs

soljenka

saltbøsse

mlin za biber

peberkværn

sirće

eddike

ulje

olie

začini

krydderier

kečap

ketchup

senf

sennep

majoneza

mayonnaise

supermarket
supermarked

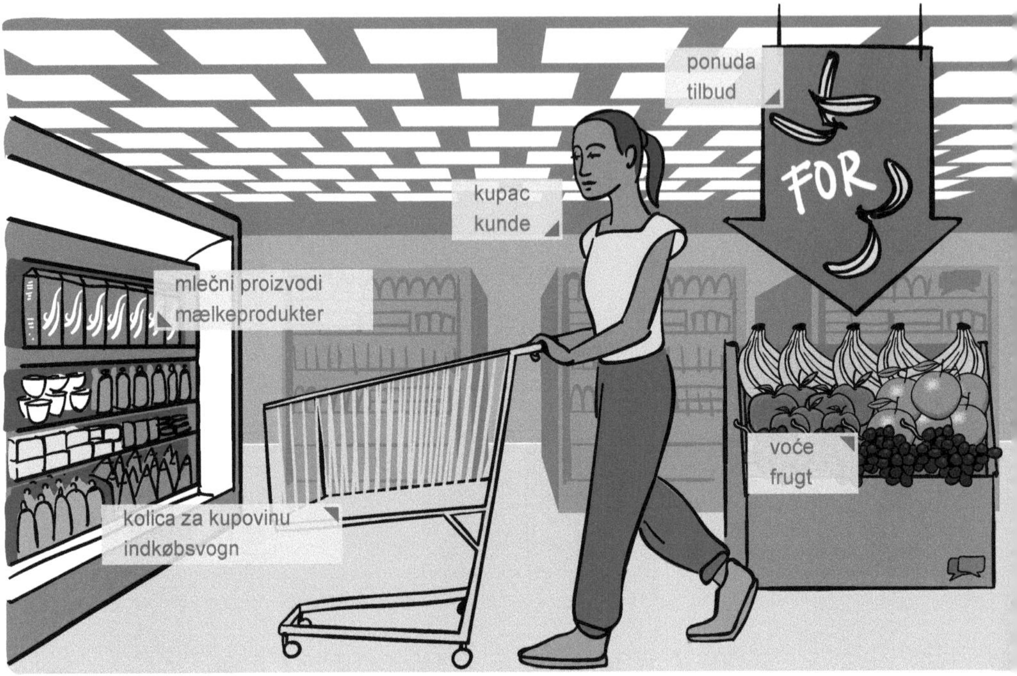

ponuda
tilbud
FOR
kupac
kunde
mlečni proizvodi
mælkeprodukter
voće
frugt
kolica za kupovinu
indkøbsvogn

BUTCHERS

mesnica

slagter

BAKERY

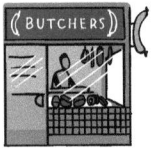

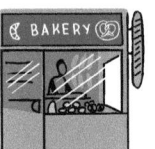

pekara

bageri

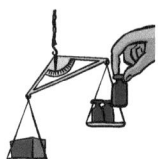

vagati

veje

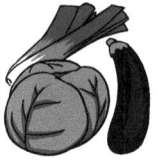

povrće

grøntsager

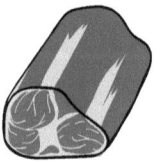

meso

kød

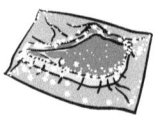

smrznuta hrana

frostvarer

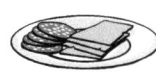

narezak
pålæg

konzerve
konserves

sredstvo za pranje
vaskemiddel

slatkiši
slik

artikli za domaćinstvo
husholdningsvarer

sredstva za čišćenje
rengøringsmidler

prodavačica
ekspedient

blagajna
kasse

blagajnik
kasserer

lista za kupovinu
indkøbsliste

vreme rada
åbningstider

novčanik
tegnebog

kreditna kartica
kreditkort

torba
taske

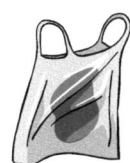

plastična kesa
plasticpose

voda
vand

sok
saft

mleko
mælk

kola
cola

vino
vin

pivo
øl

alkohol
alkohol

kakao
kakao

čaj
te

kava
kaffe

espresso
espresso

cappuccino
cappuccino

banana

banan

jabuka

æble

narandža

appelsin

lubenica

melon

limun

citron

šargarepa

gulerod

beli luk

hvidløg

bambus

bambus

luk

løg

gljiva

svamp

orašasti plodovi

nødder

rezanci

nudler

špagete

spaghetti

riža

ris

salata

salat

pomfrit

pomfritter

pečeni krumpir

stegte kartofler

pica

pizza

hamburger

hamburger

sendvič

sandwich

šnicla

schnitzel

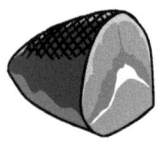

šunka

skinke

salama

salami

kobasica

pølse

kokoš

kylling

pečenje

steg

riba

fisk

zobene pahuljice

havregryn

musli

mysli

kukuruzne pahuljice

cornflakes

brašno

mel

kroasan

croissant

pecivo

rundstykke

hleb

brød

toast

toast

keksi

kiks

maslac

smør

sveži sir

kvark

kolač

kage

jaje

æg

jaje na oko

spejlæg

sir

ost

sladoled

is

šećer

sukker

med

honning

marmelada

marmelade

nugat krema

nougat-creme

kari

karry

seosko gazdinstvo
bondegård

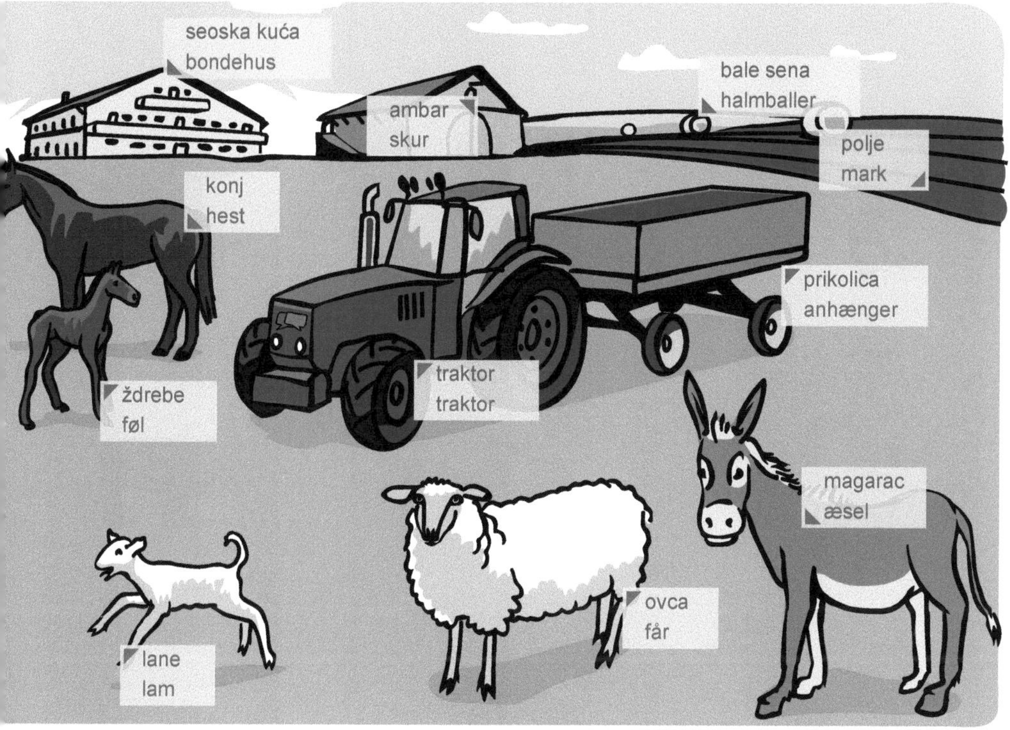
seoska kuća
bondehus
ambar
skur
bale sena
halmballer
polje
mark
konj
hest
prikolica
anhænger
traktor
traktor
ždrebe
føl
magarac
æsel
ovca
får
lane
lam

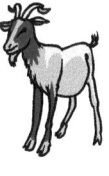

koza
ged

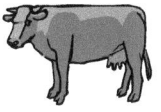

krava
ko

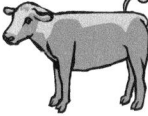

tele
kalv

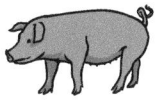

svinja
svin

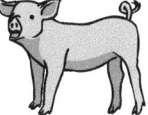

prase
gris

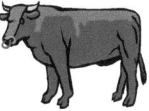

bik
tyr

guska
gås

patka
and

pilići
kylling

kokoš
høne

petao
hane

pacov
rotte

mačka
kat

miš
mus

vol
okse

pas
hund

kućica za psa
hundehus

vrtno crevo
haveslange

kanta za polivanje
vandkande

kosa
le

plug
plov

srp
segl

motika
hakkejern

viljuška za đubrivo
møggreb

sekira
økse

tačke
trillebør

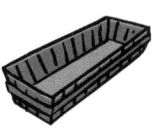

korito
trug

posuda za mleko
mælkekande

vreća
sæk

ograda
hæk

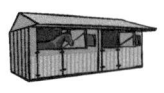

štala
stald

staklenik
drivhus

zemlja
jord

seme
frø

đubrivo
gødning

kombajn
mejetærsker

žeti

høste

žetva

høst

jams začin

yams

pšenica

hvede

soja

soja

krumpir

kartoffel

kukuruz

majs

uljana repica

raps

voćka

frugttræ

gomolj manioke

maniok

žitarice

korn

kuća
hus

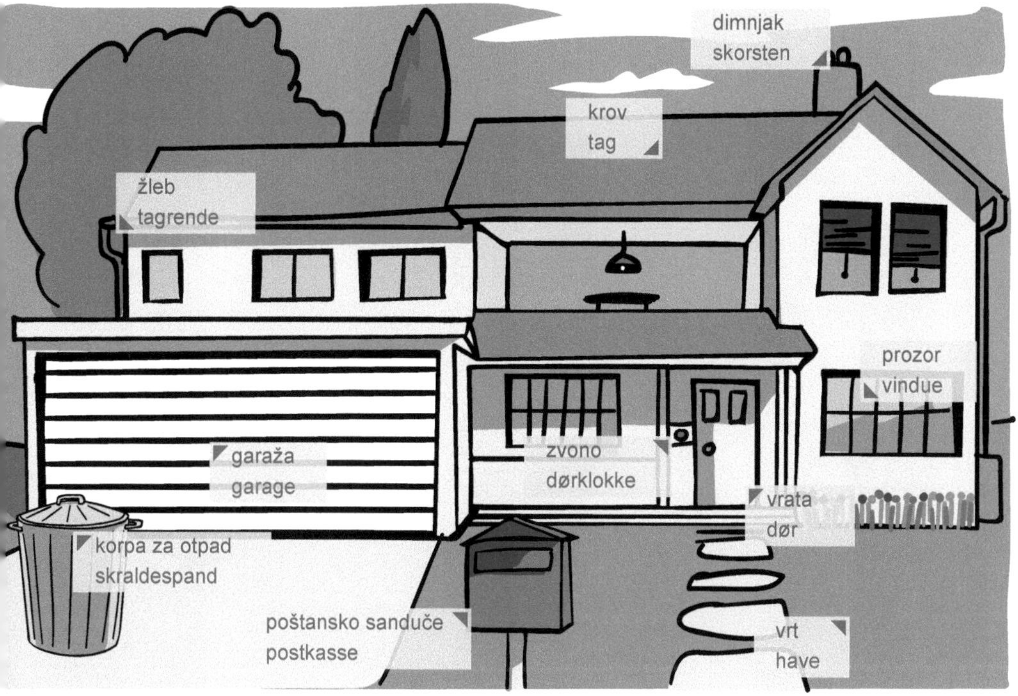
dimnjak
skorsten
krov
tag
žleb
tagrende
prozor
vindue
garaža
garage
zvono
dørklokke
vrata
dør
korpa za otpad
skraldespand
poštansko sanduče
postkasse
vrt
have

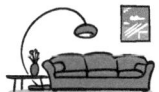

dnevna soba

stue

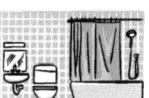

kupaonica

badeværelse

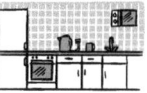

kuhinja

køkken

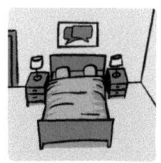

spavaća soba

soveværelse

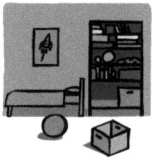

dečija soba

børneværelse

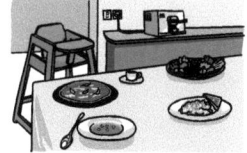

trpezarija

spisestue

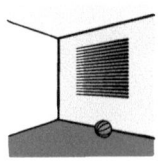

pod

gulv

zid

væg

strop

loft

podrum

kælder

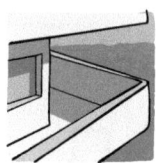

sauna

sauna

balkon

altan

terasa

terrasse

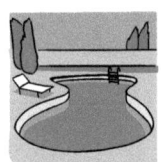

bazen

svømmehal

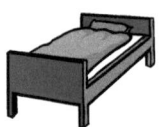

kosilica za travu

plæneklipper

posteljina za krevet

dynebetræk

deka za krevet

dyne

krevet

seng

metla

kost

kanta

spand

prekidač

kontakt

dnevna soba

stue

tapeta
tapet
slika
billede
svetiljka
lampe
regal
reol
ormar
skab
televizija
fjernsyn
kamin
pejs
cvijet
blomst
jastuk
pude
kauč
sofa
vaza
vase
daljinski upravljač
fjernbetjening

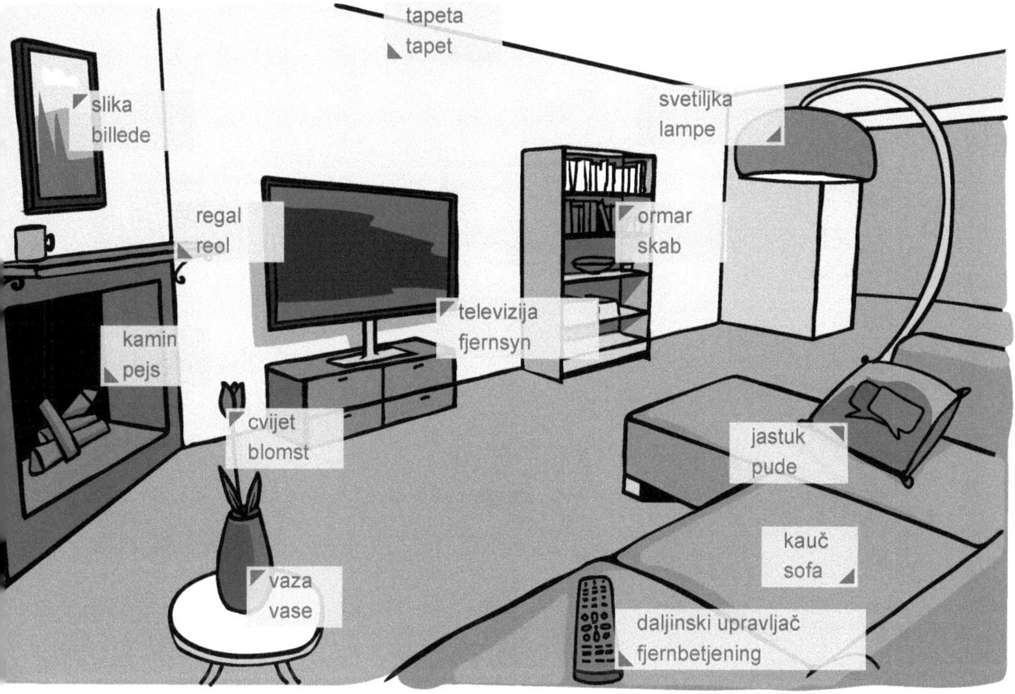

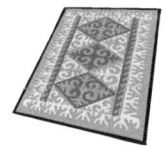

tepih
gulvtæppe

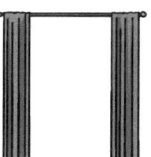

zavesa
gardin

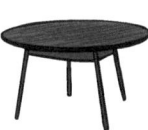

sto
bord

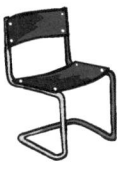

stolica
stol

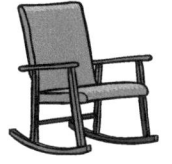

stolica za njihanje
gyngestol

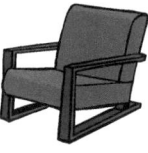

fotelja
lænestol

knjiga

bog

deka

tæppe

dekoracija

dekoration

drvo za ogrev

brænde

film

film

hi-fi uređaj

stereoanlæg

ključ

nøgle

novine

avis

slika na platnu

maleri

poster

plakat

radio

radio

blok za pisanje

notesblok

usisivač

støvsuger

kaktus

kaktus

sveća

lys

kuhinja
køkken

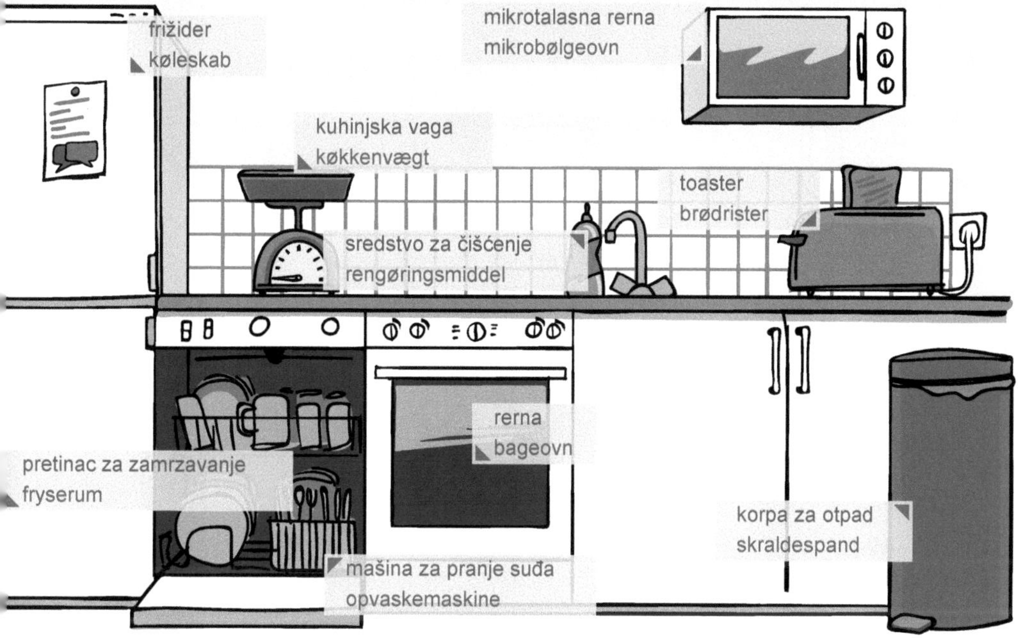

frižider
køleskab
mikrotalasna rerna
mikrobølgeovn
kuhinjska vaga
køkkenvægt
toaster
brødrister
sredstvo za čišćenje
rengøringsmiddel
rerna
bageovn
pretinac za zamrzavanje
fryserum
korpa za otpad
skraldespand
mašina za pranje suđa
opvaskemaskine

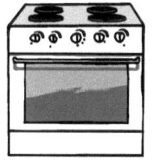

šporet
....
komfur

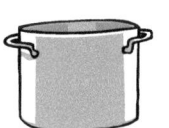

lonac
....
gryde

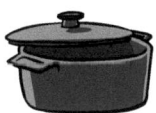

gvozdeni lonac
....
jerngryde

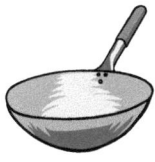

wok / kadai
....
wok / kadai

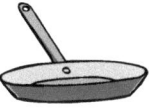

tava
....
pande

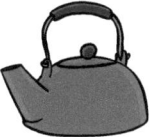

kuvalo za vodu
....
elkedel

kuvalo na paru

dampkoger

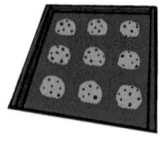

lim za pečenje

bageplade

posuđe

service

čaša

bæger

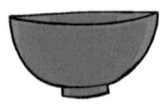

posuda

skål

štapići za jelo

spisepinde

kutlača

øseske

lopatica

paletkniv

penjača

piskeris

sito za kuvanje

dørslag

sito

si

ribež

rive

mužar

morter

roštilj

grille

ognjište

ildsted

daska
skærebræt

oklagija
kagerulle

vadičep
proptrækker

konzerva
dåse

otvarač konzervi
dåseåbner

krpa za lonac
grydelap

sudoper
køkkenvask

četka
børste

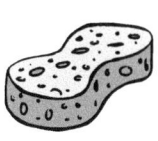

sunđer
svamp

mikser
blender

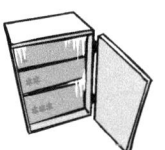

zamrzivač
dybfryser

flašica za bebe
sutteflaske

slavina za vodu
vandhane

kupaonica
badeværelse

grejanje
radiator
tuš
brusebad
peškir
håndklæde
zavesa za tuš
bruserforhæng
penušava kupka
skumbad
kada
badekar
čaša
glas
mašina za pranje veša
vaskemaskine
slavina za vodu
vandhane
pločice
fliser
tuta
tissepotte
sudoper
køkkenvask

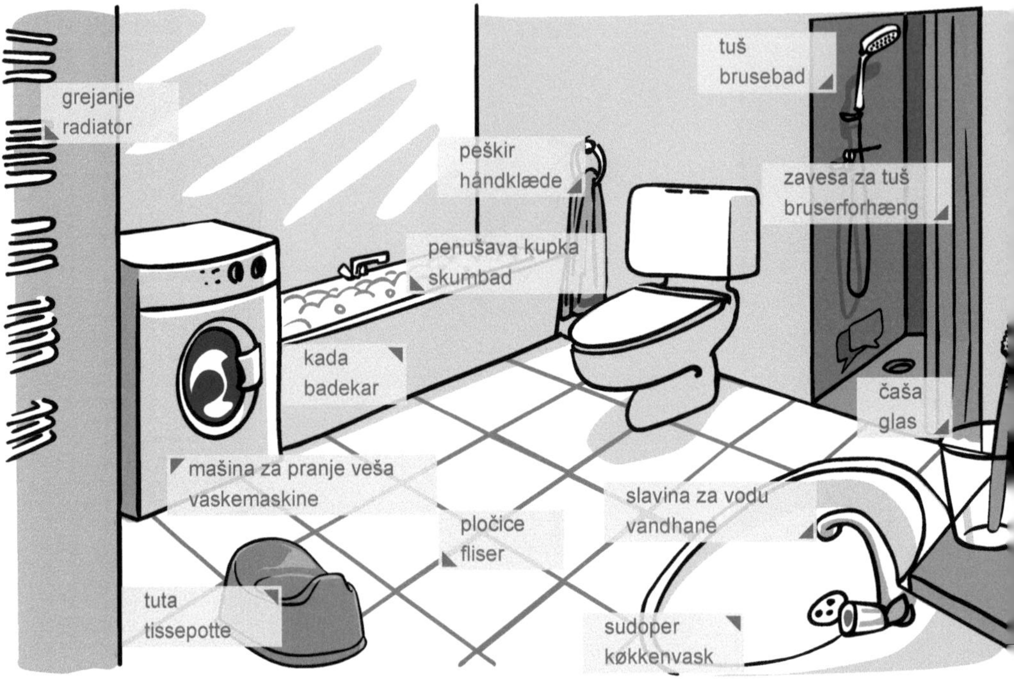

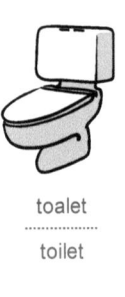

toalet

toilet

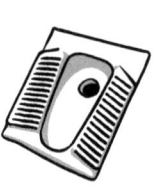

čučavac

hugsiddende toilet

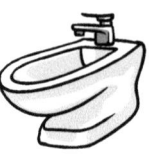

bidet

bidet

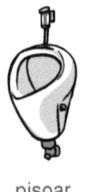

pisoar

pissoir

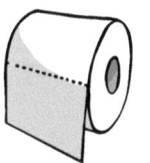

toaletni papir

toiletpapir

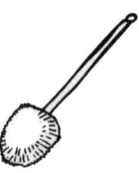

četka za toalet

toiletbørste

četkica za zube

tandbørste

pasta za zube

tandpasta

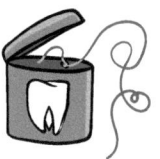

konac za zube

tandtråd

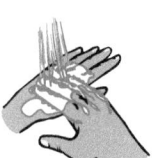

prati

vaske

tuš ručica

håndbruser

tuš za pranje intimnih delova

intimbruser

lavor

vaskefad

četka za pranje leđa

badebørste

sapun

sæbe

gel za tuširanje

brusegele

šampon

shampoo

krpa za pranje

vaskeklud

odvod

afløb

krema

creme

dezodorans

deodorant

ogledalo

spejl

kozmetičko ogledalo

kosmetikspejl

brijač

barberhøvl

pena za brijanje

barberskum

losion za posle brijanja

barbervand

češalj

kam

četka

børste

fen za kosu

hårtørrer

sprej za kosu

hårspray

makeup

makeup

ruž za usne

læbestift

lak za nokte

neglelak

vata

vat

makaze za nokte

neglesaks

parfem

parfume

kupaonica - badeværelse

kozmetička torbica
toilettaske

stolica
skammel

vaga
vægt

ogrtač
badekåbe

rukavice za čišćenje
gummihandsker

tampon
tampon

uložak
damebind

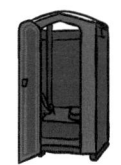

hemijski toalet
kemisk toilet

dečija soba
børneværelse

budilnik
vækkeur
plišana igračka
bamse
auto igračka
legetøjsbil
zvečka
skralde
kućica za lutke
dukkehus
poklon
gave

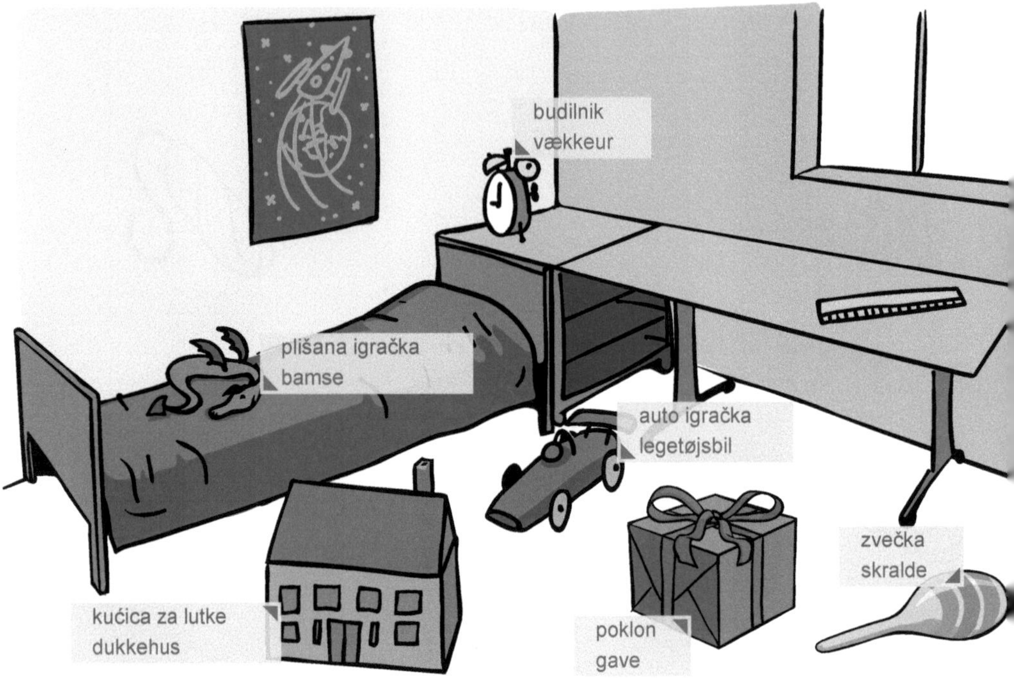

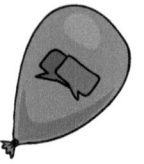

balon
ballon

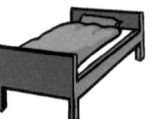

krevet
seng

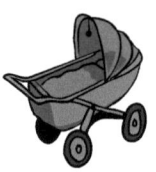

dječija kolica
barnevogn

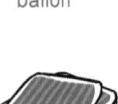

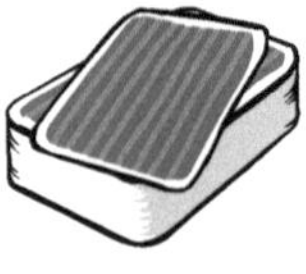

igra s kartama
kortspil

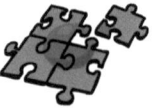

slagalica
puslespil

strip
tegneserie

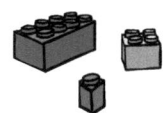

lego kockice
legoklodser

kockice za slaganje
byggeklodser

akcioni junak
action figur

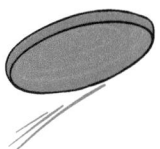

benkica za bebe
sparkedragt

frizbi
frisbee

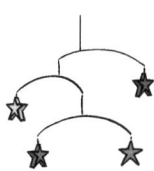

viseće igračke
uro

društvene igre
brætspil

kocka
terning

minijaturna željeznica
modeljernbane

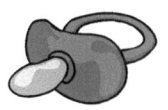

duda
sut

zabava
fest

slikovnica
billedbog

lopta
bold

lutka
dukke

igrati
lege

pješčanik

sandkasse

ljuljačka

gynge

igračka

legetøj

konzola za igre

spillekonsol

tricikl

trehjulet cykel

tedi

bamse

ormar

klædeskab

odeća

tøj

kratke čarape

sokker

čarape

strømper

hulahopke

strømpebukser

šal
sjal

kaiš
bælte

kišobran
paraply

majica
T-shirt

čizme
støvler

papuče
hjemmesko

patike
sneakers

sandale
sandaler

cipele
sko

gumene čizme
gummistøvler

gaćice
underbukser

grudnjak
BH

potkošulja
undertrøje

bodi

body

pantalone

bukser

farmerke

jeans

suknja

nederdel

bluza

bluse

košulja

skjorte

džemper

pullover

džemper s kapuljačom

sweatshirt

sako

blazer

jakna

jakke

kaput

frakke

kabanica

regnfrakke

kostim

kostume

haljina

kjole

venčanica

brudekjole

odelo
jakkesæt

spavaćica
nattrøje

pidžama
pyjamas

sari
sari

marama za glavu
hovedtørklæde

turban
turban

burka
burka

kaftan
kaftan

abaja
abaya

kupaći kostim
badedragt

kupaće gaćice
badebukser

kratke pantalone
korte bukser

odeća za trening
træningsdragt

kecelja
forklæde

rukavice
handsker

dugme
knap

naočare
briller

narukvica
armbånd

ogrlica
kæde

prsten
ring

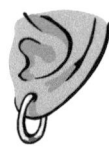

naušnica
ørering

kapa
hue

vešalica
bøjle

šešir
hat

kravata
slips

patent zatvarač
lynlås

kaciga
hjelm

naramenice
seler

školska uniforma
skoleuniform

uniforma
uniform

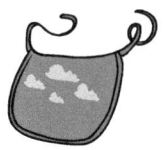

podbradak

hagesmæk

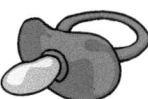

duda

sut

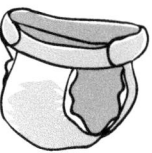

pelena

ble

kancelarija

kontor

server
server
ormar za spise
arkivskab
štampač
printer
papir
papir
monitor
skærm
miš
mus
pisaći stol
skrivebord
mapa
mappe
tastatura
tastatur
košara za papir
papirkurv
kompjuter
computer
stolica
stol

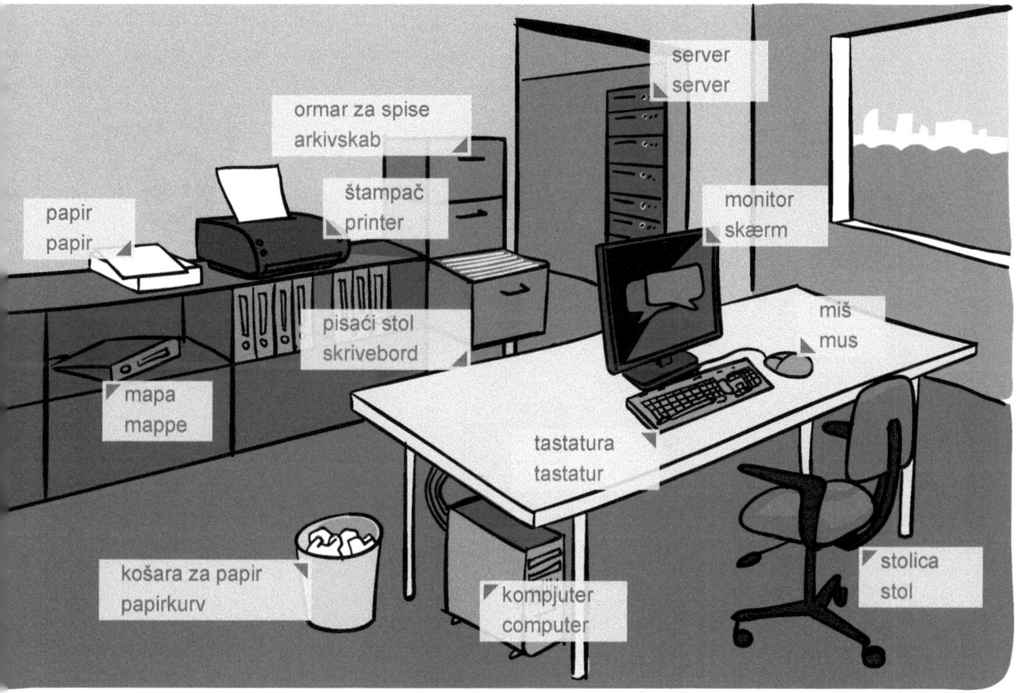

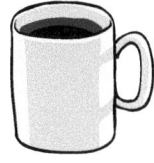

šalica za kavu

kaffekrus

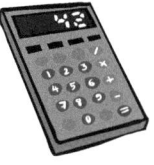

kalkulator

lommeregner

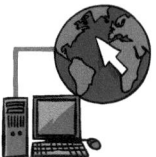

internet

internet

laptop

bærbar

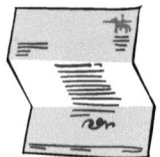

pismo

brev

poruka

besked

mobilni telefon

mobil

mreža

netværk

uređaj za kopiranje

kopimaskine

softver

software

telefon

telefon

utičnica

stikdåse

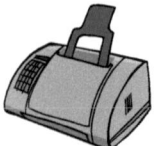

faks

fax

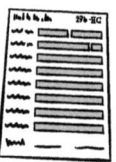

formular

formular

dokument

dokument

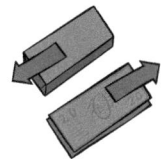

kupovati
købe

platiti
betale

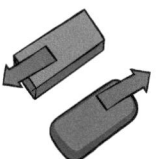

trgovati
handle

novac
penge

dolar
dollar

evro
euro

jen
yen

rublja
rubel

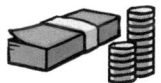

švajcarski franak
schweizerfranc

renmindbi juan
renminbi yuan

rupija
rupee

automat za novac
hæveautomat

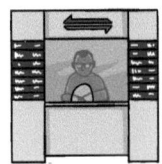

menjačnica

vekselkontor

zlato

guld

srebro

sølv

nafta

olie

energija

energi

cena

pris

ugovor

kontrakt

porez

skat

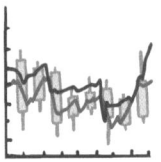

deonica

aktie

raditi

arbejde

službenik

ansat

poslodavac

arbejdsgiver

fabrika

fabrik

prodavnica

butik

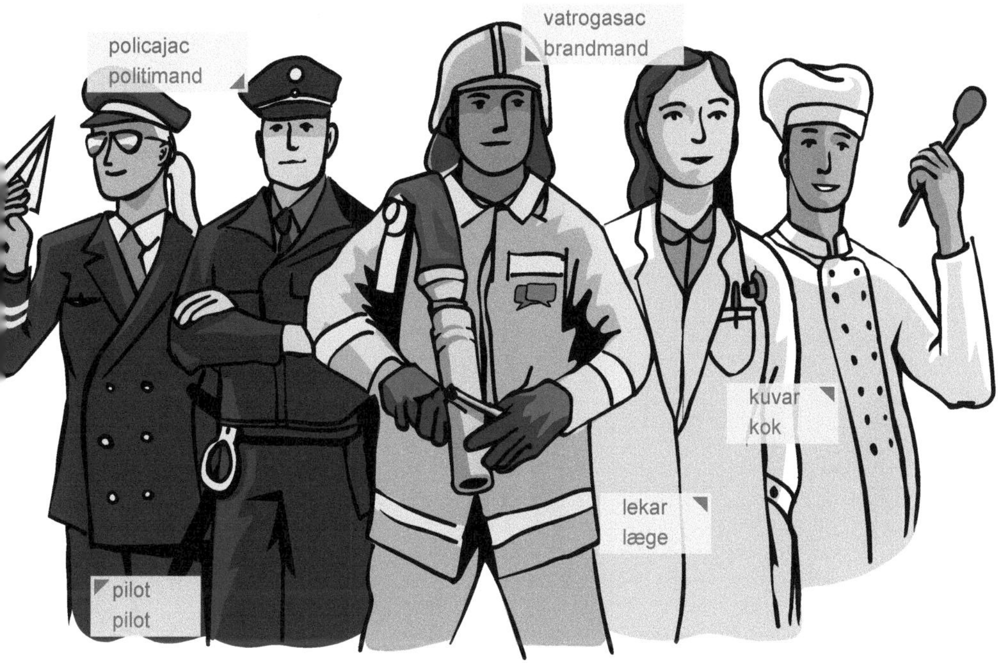

policajac
politimand

vatrogasac
brandmand

kuvar
kok

lekar
læge

pilot
pilot

vrtlar	stolar	krojačica
gartner	tømrer	syerske

sudija	hemičar	glumac
dommer	kemiker	skuespiller

vozač autobusa

buschauffør

vozač taksija

taxachauffør

ribar

fisker

čistačica

rengøringskone

krovopokrivač

tagdækker

konobar

tjener

lovac

jæger

slikar

maler

pekar

bager

električar

elektriker

građevinski radnik

bygningsarbejder

inženjer

ingeniør

mesar

slagter

limar

vvs-mand

poštar

postbud

vojnik

soldat

arhitekta

arkitekt

blagajnik

kasserer

cvećar

blomsterhandler

frizer

frisør

kondukter

togfører

mehaničar

mekaniker

kapetan

kaptajn

zubar

tandlæge

naučnik

videnskabsmand

rabi

rabbiner

imam

imam

monah

munk

svećenik

præst

alati
værktøj

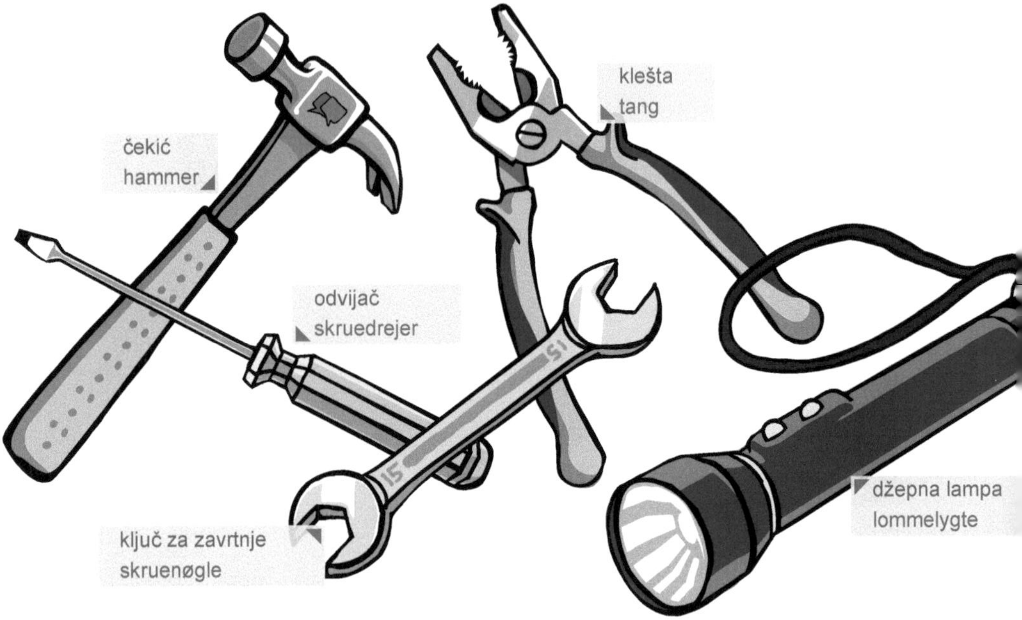
klešta
tang
čekić
hammer
odvijač
skruedrejer
džepna lampa
lommelygte
ključ za zavrtnje
skruenøgle

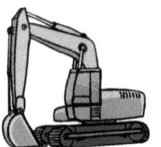

bager
gravemaskine

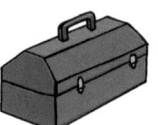

kutija za alat
værktøjskasse

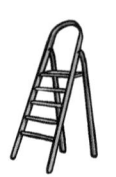

merdevine
stige

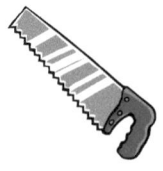

pila
sav

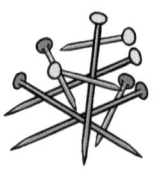

ekser
søm

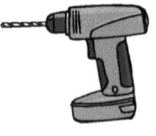

bušilica
bor

popraviti
reparere

lopata
skovl

do đavola!
Lort!

lopatica
fejebakke

lonac za boju
malerspand

zavrtanji
skruer

muzički instrument
musikinstrumenter

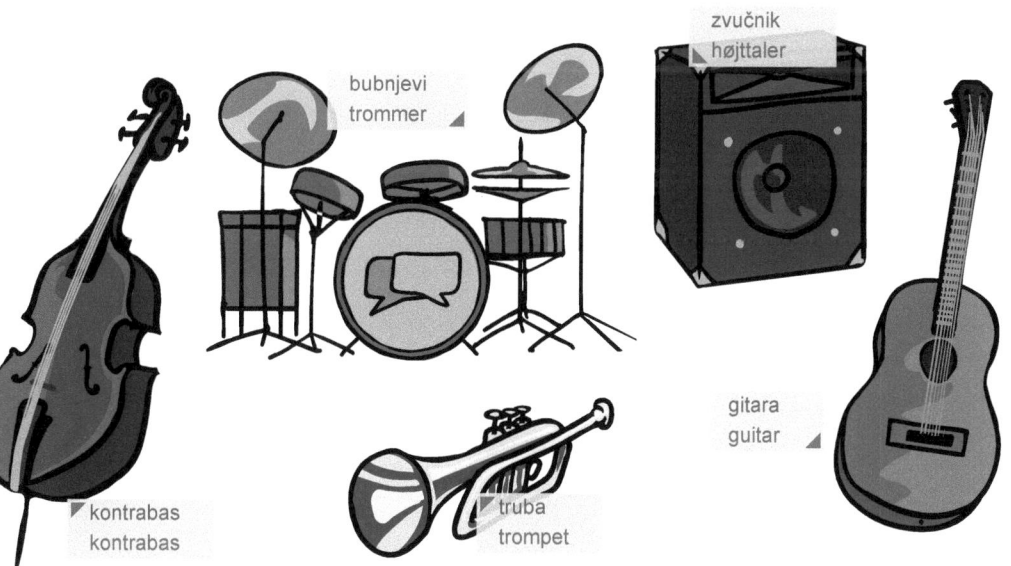

zvučnik
højttaler

bubnjevi
trommer

kontrabas
kontrabas

truba
trompet

gitara
guitar

klavir

klaver

violina

violin

bas

bas

timpani

pauke

udaraljke za bubnjeve

tromme

tipke klavira

keyboard

saksofon

saxofon

flauta

fløjte

mikrofon

mikrofon

muzički instrument - musikinstrumenter

zoološki vrt

zoo

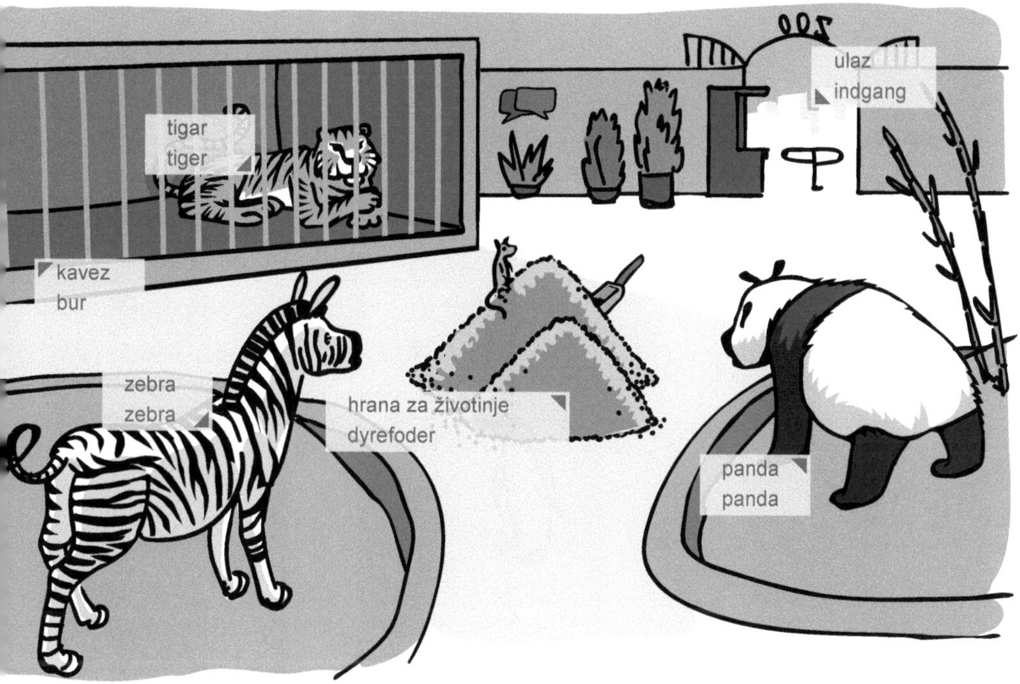

tigar
tiger
ulaz
indgang
kavez
bur
zebra
zebra
hrana za životinje
dyrefoder
panda
panda

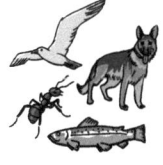

životinje

dyr

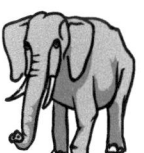

slon

elefant

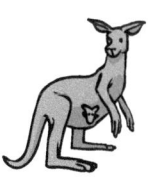

kengur

kænguru

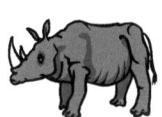

nosorog

næsehorn

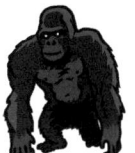

gorila

gorilla

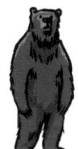

medved

bjørn

kamila

kamel

noj

struds

lav

løve

majmun

abe

flamingo

flamingo

papagaj

papegøje

polarni medved

isbjørn

pingvin

pingvin

ajkula

haj

paun

påfugl

zmija

slange

krokodil

krokodille

čuvar u zoološkom vrtu

dyrepasser

tuljan

sæl

jaguar

jaguar

poni
pony

leopard
leopard

nilski konj
flodhest

žirafa
giraf

orao
ørn

divlja svinja
vildsvin

riba
fisk

kornjača
skildpadde

morž
hvalros

lisica
ræv

gazela
gazelle

američki nogomet
amerikansk football

biciklizam
cykling

tenis
tennis

košarka
basketball

plivanje
svømning

boks
boksning

hokej na ledu
ishockey

fudbal

fodbold

badminton

badminton

atletika

atletik

rukomet

håndbold

skijanje

skiløb

polo

polo

skočiti
springe

smejati se
grine

zagrliti
give et knus

ići
gå

pevati
synge

sanjati
drømme

moliti se
bede

poljubiti
kysse

pisati

skrive

crtati

tegne

pokazati

vise

gurati

skubbe

dati

give

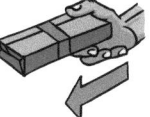

uzeti

tage

imati

have

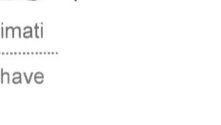

činiti

gøre

biti

være

stojati

stå

trčati

løbe

povlačiti

trække

baciti

kaste

padati

falde

ležati

ligge

čekati

vente

nositi

bære

sediti

sidde

oblačiti

tage på

spavati

sove

probuditi se

vågne

gledati
se på

plakati
græde

milovati
ae

češljati
kæmme

govoriti
tale

razumeti
forstå

pitati
spørge

slušati
høre

piti
drikke

jesti
spise

pospremiti
rydde op

voleti
elske

kuhati
koge

voziti
køre

leteti
flyve

ploviti
sejle

računati
regne

čitati
læse

učiti
lære

raditi
arbejde

venčati se
gifte sig med

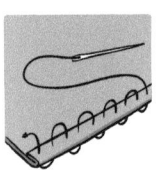

šiti
sy

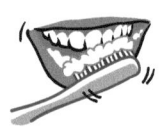

prati zube
børste tænder

ubiti
dræbe

pušiti
ryge

poslati
sende

aktivnosti - aktiviteter

porodica
familie

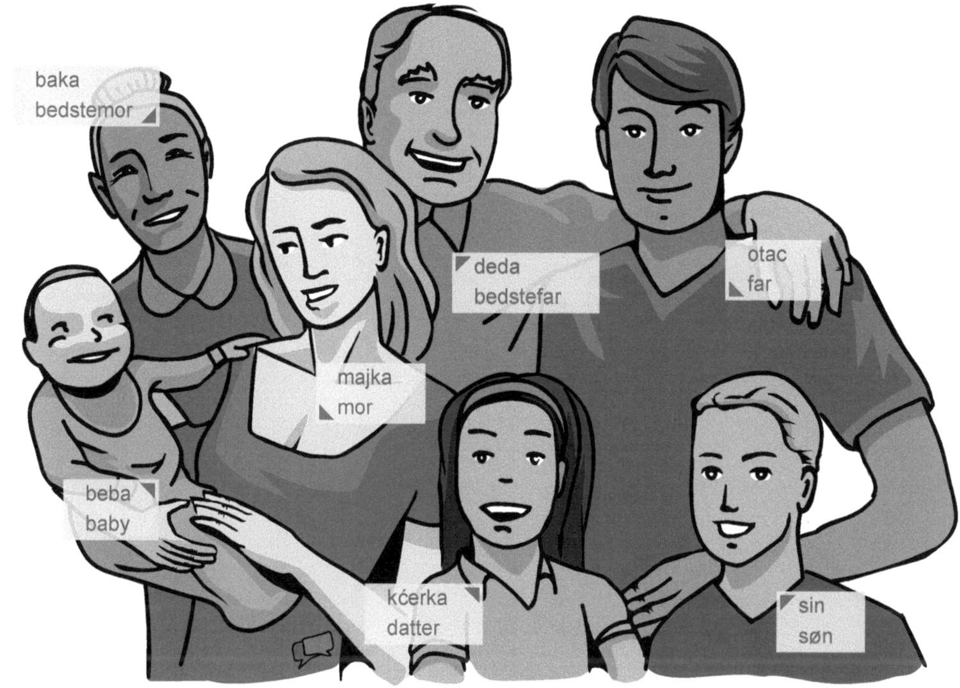
baka
bedstemor
deda
bedstefar
otac
far
majka
mor
beba
baby
kćerka
datter
sin
søn

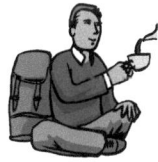

gost
gæst

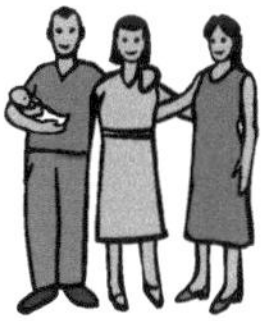

tetka
tante

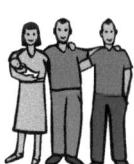

ujak, stric
onkel

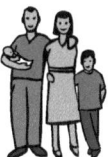

brat
bror

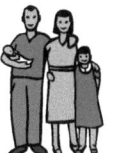

sestra
søster

telo

krop

čelo
pande
oko
øje
lice
ansigt
brada
hage
grudi
bryst
prst
finger
ruka
hånd
ruka
arm
rame
skulder
noga
ben

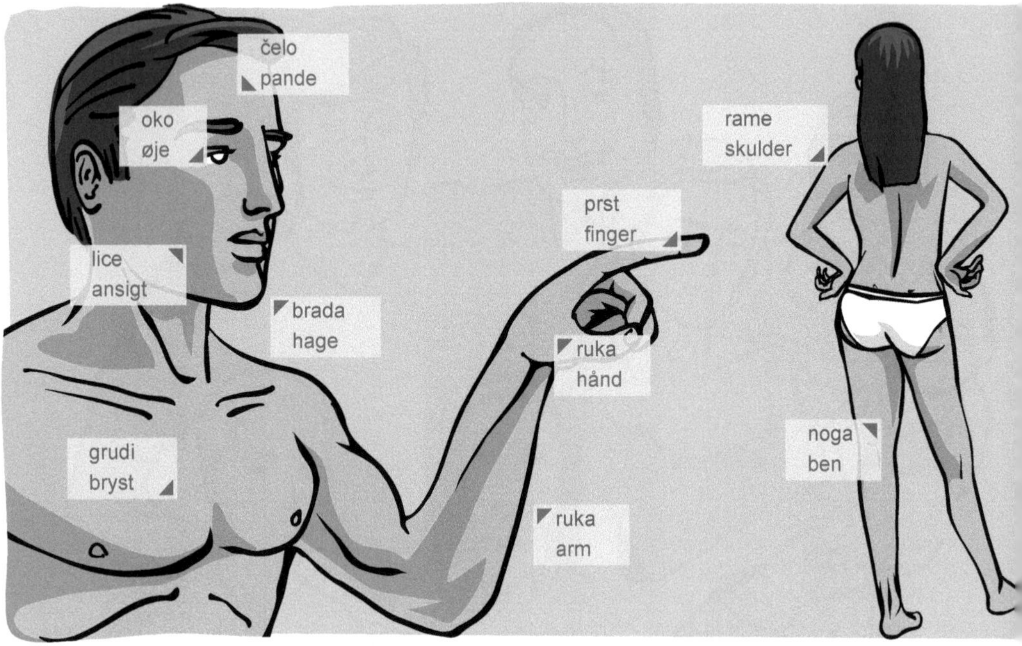

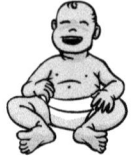

beba
....
baby

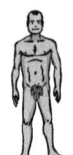

muškarac
....
mand

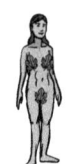

žena
....
kvinde

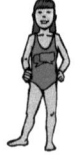

devojčica
....
pige

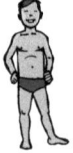

dečak
....
dreng

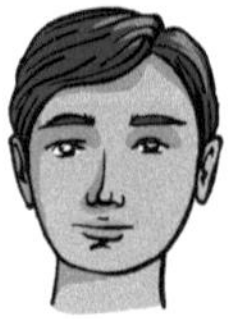

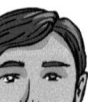

glava
....
hoved

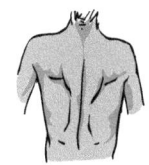

leđa

ryg

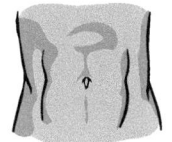

stomak

mave

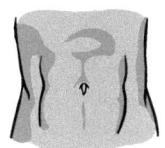

pupak

navle

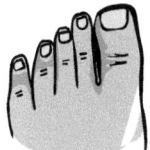

nožni prst

tå

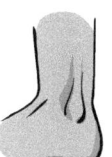

peta

hæl

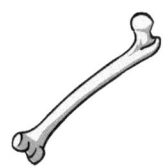

kost

knogle

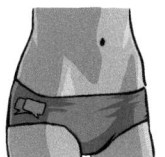

kukovi

hofte

koleno

knæ

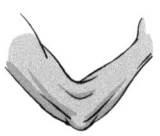

lakat

albue

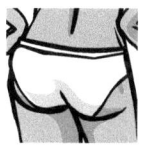

nos

næse

zadnjica

bagdel

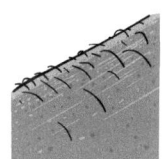

koža

hud

obraz

kind

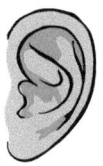

uvo

øre

usna

læbe

usta

mund

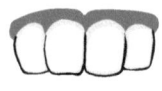

zub

tand

jezik

tunge

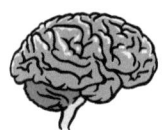

mozak

hjerne

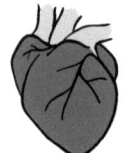

srce

hjerte

mišić

muskel

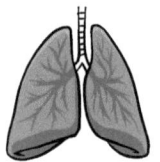

pluća

lunge

jetra

lever

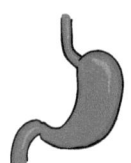

želudac

mavesæk

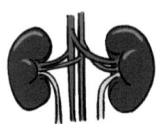

bubrezi

nyrer

polni odnos

sex

kondom

kondom

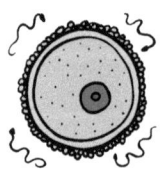

jajna ćelija

ægcelle

sperma

sperm

trudnoća

svangerskab

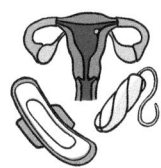

menstruacija

menstruation

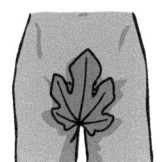

vagina

vagina

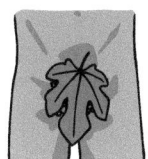

penis

penis

obrva

øjenbryn

kosa

hår

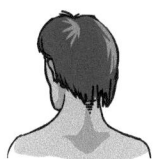

vrat

hals

bolnica
sygehus

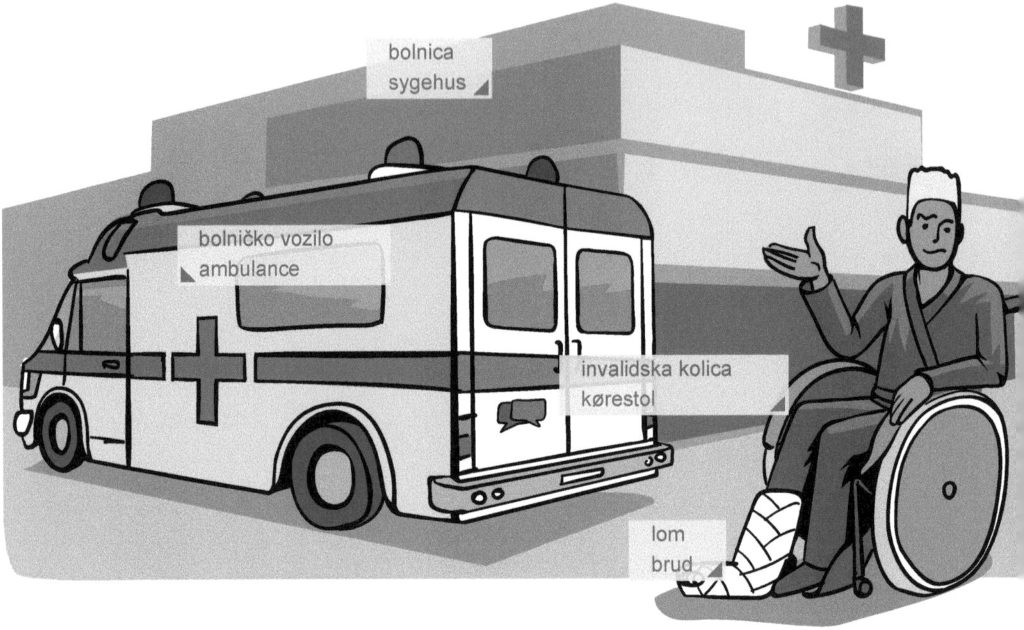

bolnica
sygehus
bolničko vozilo
ambulance
invalidska kolica
kørestol
lom
brud

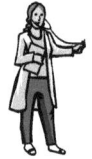

lekar

læge

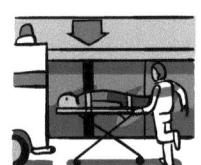

hitna medicinska služba

akutmodtagelse

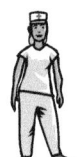

medicinska sestra

sygeplejerske

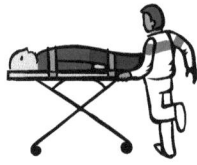

hitni slučaj

nødstilfælde

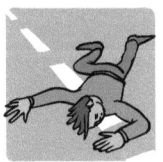

nesvest

bevidstløs

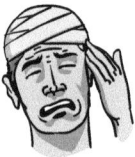

bol

smerte

povreda

skade

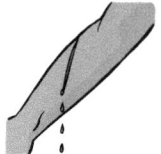

krvarenje

blødning

srčani udar

hjerteinfarkt

udar

slagtilfælde

alergija

allergi

kašalj

hoste

groznica

feber

gripa

influenza

proliv

diarré

glavobolja

hovedpine

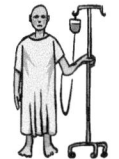

rak

kræft

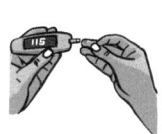

dijabetes

diabetes

hirurg

kirurg

skalpel

skalpel

operacija

operation

ct
CT

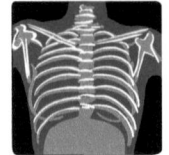

rentgen
røntgen

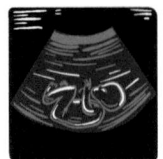

ultrazvuk
ultralyd

maska
maske

bolest
sygdom

čekaona
venteværelse

štaka
krykke

flaster
plaster

zavoj
forbinding

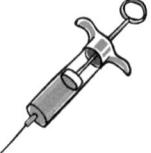

injekcija
injektion

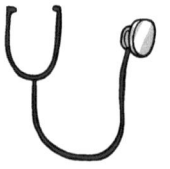

stetoskop
stetoskop

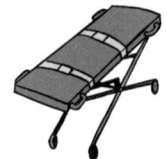

nosila
båre

termometar
termometer

rođenje
fødsel

prekomerna težina
overvægt

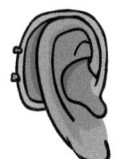

slušni aparat

høreapparat

sredstvo za dezinfekciju

desinficerende middel

infekcija

infektion

virus

virus

HIV / AIDS

HIV / AIDS

medicina

medicin

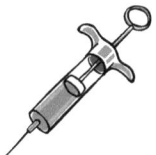

vakcinacija

vaccination

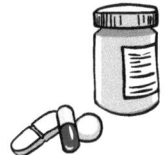

tablete

tabletter

pilula

pille

hitni poziv

nødopkald

uređaj za merenje pritiska

blodtryksmåler

bolesno / zdravo

syg / rask

pomoć!

Hjælp!

alarm

alarm

nasrtaj

overfald

napad

angreb

opasnost

fare

izlaz u slučaju nužde

nødudgang

požar!

Det brænder!

protivpožarni aparat

ildslukker

nezgoda

uheld

kutija prve pomoći

førstehjælps-kuffert

sos

SOS

policija

politi

Evropa

Europa

Severna Amerika

Nordamerika

Južna Amerika

Sydamerika

Afrika

Afrika

Azija

Asien

Australija

Australien

Atlantik

Atlanterhavet

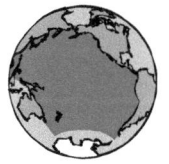

Pacifik

Stillehavet

Indijski okean

Indiske Ocean

Antarktički okean

Sydlige Ishav

Arktički ocean

Ishav

Severni pol

Nordpol

Južni pol
Sydpol

Antarktik
Antarktis

zemlja
Jorden

zemlja
land

more
hav

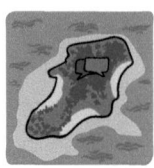

otok
ø

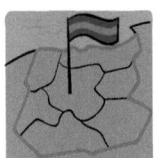

nacija
nation

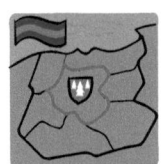

država
stat

zemlja - Jorden

brojčanik sata

urskive

satna kazaljka

timeviser

minutna kazaljka

minutviser

sekundna kazaljka

sekundviser

Koliko je sati?

Hvad er klokken?

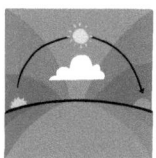

dan

dag

vreme

tid

sada

nu

digitalni sat

digitalur

minuta

minut

čas

time

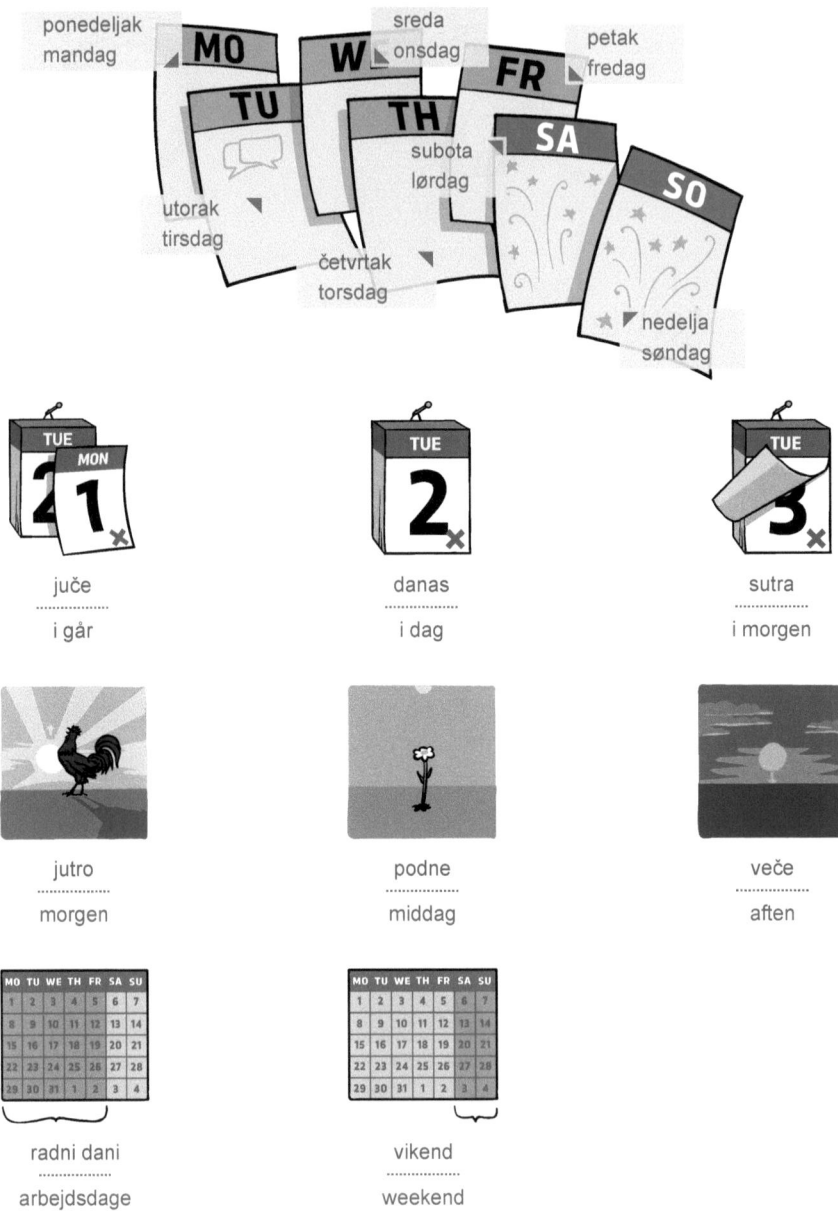

ponedeljak
mandag

MO

sreda
onsdag

W

petak
fredag

FR

TU

TH

SA

utorak
tirsdag

subota
lørdag

SO

četvrtak
torsdag

nedelja
søndag

juče
i går

danas
i dag

sutra
i morgen

jutro
morgen

podne
middag

veče
aften

radni dani
arbejdsdage

vikend
weekend

godina
år

kiša
regn
duga
regnbue
vetar
vind
sneg
sne
proleće
forår
leto
sommer
jesen
efterår
zima
vinter

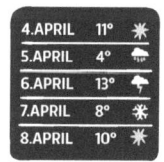

4.APRIL 11°
5.APRIL 4°
6.APRIL 13°
7.APRIL 8°
8.APRIL 10°

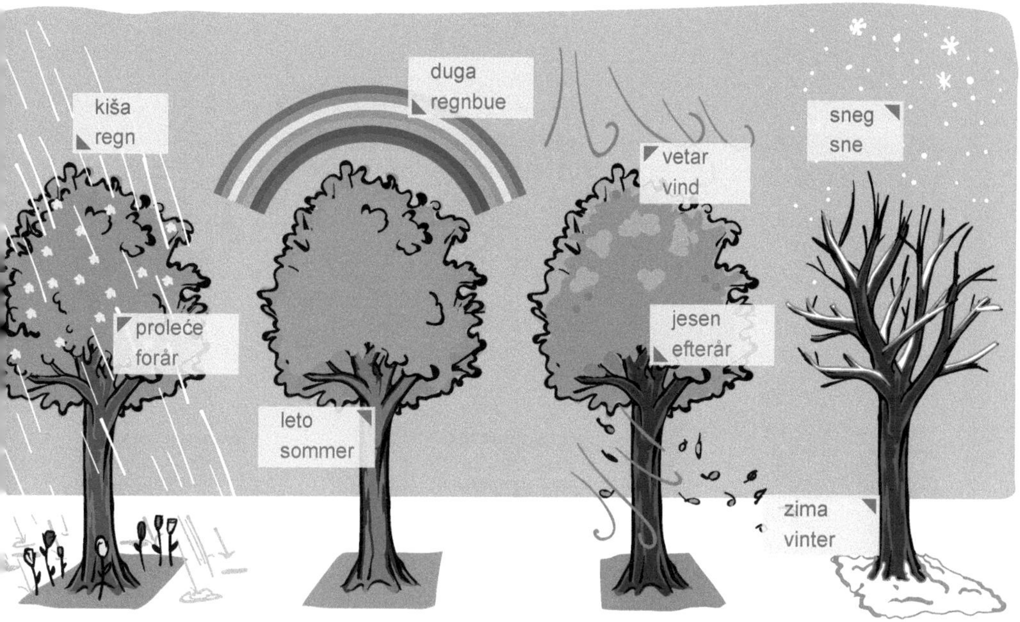

meteorološka prognoza

vejrudsigt

F C
120 90 60 30 0 -30
40 30 20 10 0 -10 -20

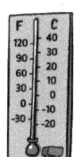

termometar

termometer

sunčana svetlost

solskin

oblak

sky

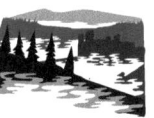

magla

tåge

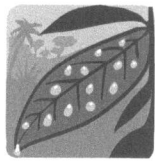

vlažnost vazduha

luftfugtighed

munja

lyn

grmljavina

torden

oluja

storm

tuča

hagl

monsun

monsun

poplava

flod

led

is

januar

januar

februar

februar

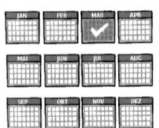

mart

marts

april

april

maj

maj

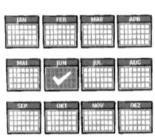

juni

juni

juli

juli

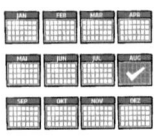

avgust

august

septembar
september

oktobar
oktober

novembar
november

decembar
december

oblici

former

krug
cirkel

kvadrat
kvadrat

pravougao
firkant

trougao
trekant

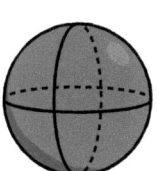

kugla
kugle

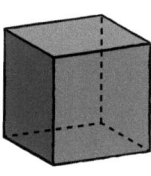

kocka
terning

bela
....
hvid

žuta
....
gul

narandžasta
....
orange

ružičasta
....
pink

crvena
....
rød

ljubičasta
....
lilla

plava
....
blå

zelena
....
grøn

smeđa
....
brun

siva
....
grå

crna
....
sort

mnogo / malo

meget / lidt

ljutito / mirno

rasende / fredelig

lepo / ružno

smuk / grim

početak / kraj

begyndelse / slut

veliko / maleno

stor / lille

svetlo / tamno

lys / mørk

brat / sestra

bror / søster

čisto / prljavo

ren / snavset

potpuno / nepotpuno

fuldkommen / ufuldkommen

dan / noć

dag / nat

mrtvo / živo

død / levende

široko / usko

bred / smal

jestivo / nejestivo

spiselig / uspiselig

zlo / dobro

vred / venlig

uzbuđeno / dosadno

ophidset / kedet

debelo / mršavo

tyk / tynd

na početku / na kraju

først / sidst

prijatelj / neprijatelj

ven / fjende

puno / prazno

fuld / tom

tvrdo / mekano

hård / blød

teško / lagano

tung / let

glad / žeđ

sult / tørst

bolesno / zdravo

syg / rask

ilegalno / legalno

illegal / legal

pametno / glupo

intelligent / dum

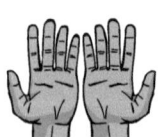

levo / desno

venstre / højre

blizu / daleko

nær / fjern

novo / polovno

ny / brugt

ništa / nešto

intet / noget

staro / mlado

gammel / ung

uključeno / isključeno

tændt / slukket

otvoreno / zatvoreno

åben / lukket

tiho / glasno

stille / højt

bogato / siromašno

rig / fattig

tačno / pogrešno

rigtig / forkert

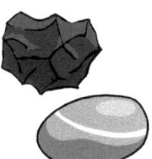

hrapavo / glatko

ru / glat

tužno / sretno

ked af det / lykkelig

kratko / dugo

kort / lang

polako / brzo

langsom / hurtig

mokro / suho

våd / tør

toplo / hladno

varm / kold

rat / mir

krig / fred

brojevi
tal

0

nula

nul

1

jedan

en

2

dva

to

3

tri

tre

4

četiri

fire

5

pet

fem

6

šest

seks

7

sedam

syv

8

osam

otte

9

devet

ni

10

deset

ti

11

jedanaest

elleve

12	**13**	**14**
dvanaest	trinaest	četrnaest
tolv	tretten	fjorten

15	**16**	**17**
petnaest	šestnaest	sedamnaest
femten	seksten	sytten

18	**19**	**20**
osamnaest	devetnaest	dvadeset
atten	nitten	tyve

100	**1.000**	**1.000.000**
stotinu	hiljadu	milion
hundrede	tusinde	million

engleski
engelsk

američki engleski
amerikansk engelsk

mandarinski kineski
kinesisk mandarin

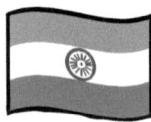

hindski
hindi

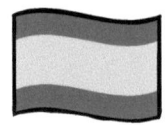

španski
spansk

francuski
fransk

arapski
arabisk

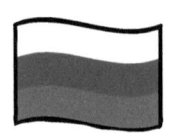

ruski
russisk

portugalski
portugisisk

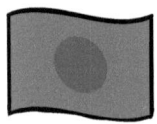

bengalski
bengalsk

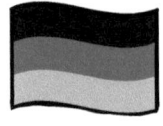

nemački
tysk

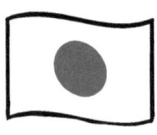

japanski
japansk

ja
jeg

ti
du

on / ona / ono
han / hun / den / det

mi
vi

vi
I

oni
de

Ko?
hvem?

Šta?
hvad?

Kako?
hvordan?

Gde?
hvor?

Kada?
hvornår?

ime
navn

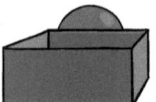

iza
bag

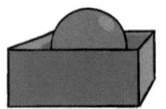

u
i

ispred
foran

preko
over

na
på

ispod
under

pored
ved siden af

između
imellem

mesto
sted